AF260246

PÉTITION

A L'ASSEMBLÉE NATIONALE,

Présentée, le 7 juillet 1792,

PAR

M. ROMAIN LA CAZE,

DÉPUTÉ DE LA GUADELOUPE,

Auprès du Corps Legislatif et du Roi.

MESSIEURS,

J'ai déjà eu l'honneur de vous écrire, avant la lecture du rapport de M. Queslin sur la Guadeloupe, pour vous prier, au nom d'une colonie aussi intéressante, de ne rien statuer sans avoir entendu les obser-

A

vations de son député sur l'historique et sur les conclusions du rapporteur.

Je ne sais par quelle fatalité ma réclamation a été sans effet. et le projet de décret adopté sur une première lecture, et sans discussion.

Usant aujourd'hui du droit sacré de pétitionaire, et plein de confiance dans votre justice, je viens ici, MM., vous prier de reporter votre attention sur ce même rapport et sur le décret qui en est la suite, je viens vous demander à suspendre des dispositions, dont les conséquences peuvent être très-dangereuses.

Je n'abuserai pas des momens précieux que vous consacrez à la chose publique, et, tout en me réservant de vous soumettre les détails les plus circonstanciés, je me bornerai à motiver ma demande en peu de mots.

1°. J'offre de vous prouver, MM., que le rapporteur vous a trompé, en omettant des pièces essentielles, en dénaturant les faits, et en tirant des inductions fausses.

2.° Je vous observerai que, dans une colonie vantée par sa modération et sa tranquillité, il cherche des crimes où il n'a existé que quelques erreurs de lieux et de circonstances, et qu'il s'oublie au point d'exciter la sévérité de l'assemblée sur des faits antérieurs à l'amnistie pronocée pour toutes les parties de l'Empire François.

3.º Que la détermination prise pour les Colonies, par la loi du 28 mars dernier, devant y renverser d'anciens préjugés, la justice, l'humanité et une saine politique exigent que le législateur les dispose avec douceur aux sacrifices qui leur sont demandés, tandis que le rapport de M. Queslin ne tend qu'à humilier, aigrir et désespérer les colons de la Guadeloupe.

Envain M. Queslin vous a représenté, comme raison d'économie pour l'État, que d'une prompte décision, sur son rapport, dépendoit le départ des commissaires civils et des forces destinées aux Isles-du-Vent. M. Queslin n'ignoroit pas que le principal but de son rapport étant le rappel de M. de Béhague, la nomination et les préparatifs d'un nouveau gouverneur devoient nécessairement retarder encore ce départ. M. Queslin savoit fort bien d'ailleurs que les commissaires n'avoient été nommés que pour l'exécution de la loi du 28 mars dernier, et il auroit même dû trouver étonnant de ne pas les avoir déjà vus expédiés par le ministre de la Marine.

Au reste, MM., je le répète encore, l'ignorance des formes et du nouveau mode ont pu faire commettre quelques erreurs à la Guadeloupe, erreurs bien excusables dans les circonstances; mais que l'on juge cette colonie par sa profession de foi, par l'ensemble de sa conduite et le résultat de ses travaux! Que l'on interroge les négocians de tous les ports, et ils vous diront que cette isle s'est distinguée par sa sagesse et sa fidélité, qu'elle s'est conservée intacte au milieu des ruines des autres colonies, et qu'elle est devenue la principale ressource du commerce national en Amérique. Quel doute, après cela, du vrai patriotisme de ses habitans et des gouverneurs citoyens à qui ces mêmes habitans ont tant d'obligations !

D'après des motifs aussi puissans, MM., la Guadeloupe se flatte que vous aurez égard à la réclamation de son député, que vous vous ferez rapporter le décret proposé par M. Queslin, et que vous prendrez, dans votre sagesse, une détermination plus favorable à cette colonie et à ses gouverneurs.

Développement de la pétition précédente, en réponse au rapport de M. QUESLIN.

Chargé des intérêts d'une colonie, moins intéressante encore par ses richesses et sa population que par sa sagesse, j'ai cru ne devoir lui faire tenir d'autre langage que celui du respect et de la modération ; j'ai méprisé de vils dénonciateurs, dont les traits impuissans ne pouvoient atteindre sa réputation ; mais aujourd'hui qu'il s'agit de mesurss propres à conserver sa tranquillité, je ne puis garder le silence. Mon devoir, la vérité m'entraînent, et s'il est pénible pour moi d'attaquer le rapport d'un membre de l'assemblée nationale, je m'en console en remplissant l'obligation chère et sacrée de défendre mes concitoyens.

Dans la pétition que j'ai eu l'honneur de présenter à l'assemblée, j'ai promis des détails, j'ai offert de prouver que le rapporteur l'avoit trompée, en omettant des pièces essentielles, en dénaturant les faits, et en tirant des inductions fausses. Je vais m'acquitter de ma promesse.

Le rapporteur a trompé l'assemblée, lorsque, passant rapidement sur les évènemens antérieurs à l'arrivée des commissaires civils, et atténuant les attentats commis dans la ville de la Basse-Terre par les factieux, qui, à la tête des soldats insurgés, opprimoient les bons citoyens, il avance que M. de Clugny transporta le siège du gouvernement à la Pointe-à-Pître , et que là toutes les autorités se trouvèrent alors concentrées.

L'assemblée coloniale s'est transportée à la Pointe-à-Pître , après avoir essayé vainement de délibérer librement à la Basse-Terre , où elle étoit tous les jours insultée et menacée.

Le gouverneur n'a jamais porté le siége du gouvernement à la Pointe-à-Pître , où il ne s'est rendu que parce que ses fonctions l'appelloient auprès de l'assemblée. Toutes les autorités étoient méprisées , avilies à la Basse-Terre , où le commissaire-ordonnateur à la tête des bureaux de l'administration , resta long-temps encore après le départ de l'assemblée et des gouverneurs , et dont il ne seroit pas sorti s'il n'avoit pas été forcé de fuir , après avoir été traité de la manière la plus indigne. Monsieur l'ordonnateur aimoit beaucoup cette ville, il s'avoit qu'au milieu de ses brigands , elle renfermoit un grand nombre de propriétaires honnêtes et paisibles dont il connoissoit les craintes , et ce fut à leur considération qu'il déclara , de peur d'aigrir les factieux , qu'il n'avoit à se plaindre ni des citoyens de la Basse-Terre, ni de la municipalité de cette ville.

Le rapporteur a trompé l'assemblée , lorsqu'il lui présente l'affaire du sieur Masse comme le résultat du caprice du gouverneur d'accord avec l'assemblée. Le sieur Masse avoit contre lui des préjugés défavorables ; il venoit occuper une place délicate et importante , celle d'ordonnateur. L'assemblée coloniale , s'appercevant qu'il n'avoit pas la confiance du peuple , entendant éclater des murmures de toutes parts , et desirant conserver l'harmonie et l'union nécessaires dans toutes les parties de l'administration , pria Messieurs les commissaires civils de ne point envoyer le sieur Masse. Les commissaires s'y refusèrent. Le sieur Masse fut reçu. L'assemblée renouvella ses instances auprès des commissaires , et ils accédèrent enfin à sa demande , en s'arrêtant à donner au sieur Masse une lettre qui attestât que les circonstances seules , et non des preuves écrites contre sa probité , l'éloignoient de la Guadeloupe. L'assemblée s'empressa de saisir cette occasion de concilier la justice avec son desir de maintenir la paix dans l'Isle.

Le rapporteur a trompé l'assemblée , lorsqu'il accuse l'assemblée de la Guadeloupe de délibérer , quoiqu'elle ne fût pas en nombre suffisant , de s'intituler elle-même dans ses actes publics assemblée incompétente , et les gouverneurs de donner leur approbation à ces actes , sans s'opposer à une marche aussi vicieuse et aussi illégale.

Jamais l'assemblée de la Guadeloupe ne s'est permis de prendre des arrêtés en incompétence. La saison critique des ouragans dans nos Isles , l'exploitation pénible de nos terres , et les circonstances , ont souvent appellé sur leurs habitations la plupart des membres de l'assemblée.

Ceux qui restoient , instruisoient les paroisses de leur incompétence , ne s'occupoient que du maintien des arrêtés de l'assemblée compétente , de quelques correspondances intérieures , et autres objet de détail qu'ils avoient grand soin de remettre sous les yeux de l'assemblée compétente , objets pour lesquels jamais la sanction du gouverneur n'a été ni demandée ni accordée.

: Le rapporteur a trompé l'assemblée lorsqu'il prétend, au sujet de l'affaire du caporal Pothon, que les commissaires civils ont trouvé la justice totalement paralysée et sourde à leur voie, et que, malgré leurs réquisitions , cette procédure qui pouvoit jetter un grand jour sur les troubles de la colonie , et en mettre les auteurs à découvert, a été ensevelie dans l'oubli. La justice n'a été paralysée dans cette circonstance , ni dans aucune autre ; les informations ont été prises et la procédure a eu lieu , sans jetter le grand jour dont parle M. Queslin. Les registres des tribunaux de la Guadeloupe en font foi.

De tous les faits que je viens de discuter et sur-tout du renvoi en France d'une compagnie d'artillerie , renvoi que le rapporteur taxe d'acte d'autorité arbitraire , à cause d'un mémoire présenté par leurs officiers en leur faveur. Sans examiner les raisons qui ont pu déterminer le Gouverneur, le rapporteur tire les inductions les plus fausses. Il croit y trouver un grand ascendant de Monsieur de Clugny dans la colonie. Déjà il le voit usant de cet ascendant pour attirer à lui M. de Béhague contre les commissaires civils , tandis que ces deux gouverneurs ont été long - tems sur une réserve mutuelle et souvent divisés d'opinion. Mais après toutes ces réflexions , le rapporteur ne veut laisser parler que les faits. Il commence cependant par rappeller l'attention

tion de l'assemblée sur ce que M. de Clugny sembloit, comme il l'a déja observé, méditer une opération militaire, et conséquemment glorieuse sur la ville de Basse-terre. Après cette petite épigramme, il semble encore au rapporteur, car il lui semble toujours, si l'on en croit toute fois les citoyens de cette ville, qu'ils s'attendoient eux-mêmes à quelqu'événement de cette nature. Arrive la frégate la Calypso, commandée par Monsieur de Mallerault et envoyée par M. de Béhague, continue le rapporteur. Quelques hommes de l'équipage descendent à terre, ect. Bref, il ne s'agit rien moins que de charger les canons de la frégate pour foudroyer la ville, matière à soupçons pour le rapporteur.

Voici le fait. La frégate la Calypso, frégate de station aux îles du vent, vient mouiller dans la rade de la Basse-Terre. Des matelots descendent à terre : on les insulte : des rixes s'en suivent, le capitaine se hâte de les appaiser. Il est entouré par quelques mauvois sujets; il se plaint amérement: le rassemblement augmente autour de lui ; son équipage inquiet, vole à ses côtés. Aussi-tôt on croit voir les canons de la frégate prêts à tout foudroyer, et la peur les enttend déjà : chacun de fuir et le calme renait. Le lendemain on informe ; des témoins sont entendus ; et la procédure doit retourner dans les registres des tribunaux du lieu. Par une suite de ses préventions, le rapporteur ne voit plus dans les démarches les plus simples de M. de Clugny, il ne cherche plus dans les événemens même, les plus ordinaires que des résultats d'un système d'oppression. Le gouverneur profite t-il de la suspension des séan-

B

ces de l'assemblée pour revenir au siège de son gouvernement , Monsieur Queslin le fait arriver dans cette ville pour y mettre le désordre. Les citoyens enchantés de son retour , accourent-ils au-devant de ce chef bien aimé , ce ne sont aux yeux de M. Queslin que des attroupemens séditieux. Il a soin de rapprocher quelques avantures , suites des rixes particulière des soldats , il grossit les objets , et il ne néglige aucun moyen en dénaturant les faits , pour peindre ce gouverneur sous les couleurs les plus odieuses.

Mais passons avec ce rapporteur à l'arrivée des commissaires civils à la Guadeloupe, époque , où selon ses propres expressions a commencé la lutte opiniâtre entre l'autorité des commissaires civils, celle du gouverneur et de l'assemblée coloniale. Il me suffira ici de renvoyer le lecteur à la pièce *A ,* qui a pour titre observations sur la conduite des commissaires du roi à la Guadeloupe et sur leurs proclamations du 29 septembre et du 4 octobre. Cette pièce est rapportée à la fin de cet écrit aveccelles que j'avois remises à Monsieur Queslin et dont il n'a fait aucune mention.

De ce nombre sont encore l'extrait du procès-verbal de la troisième conférence du 21 septembre 1791, (B). L'extrait de la réponse de l'assemblée coloniale à l'exposé des commissaires du roi du 22 septembre 1791 , (C). Réponse de l'assemblée de la Guadeloupe aux commissaires du roi , 6 juillet , (D). Lettre de l'assemblée ect. aux commissaires , etc. (E). Observations du gouverneur de la Guadeloupe , etc. (F). Réponse des commissaires , etc. (G). Lettre du gouverneur de la Guadeloupe, etc. (H). Réponse, (I). Déclaration des principes et profession de foi, etc. (K). Extrait des registres, etc. (L). Copie de l'adresse au régiment de la Guadeloupe, (M). D'après mes observations et les différentes pièces que je relate pour les appuyer, il est aisé de prouver à Monsieur Queslin qu'il a omis des objets essentiels, dénaturé les faits, tiré des inductions fausses et présenté, d'une manière partiale, la cause de la Guadeloupe sous le jour le moins favorable.

En se résumant, Monsieur Queslin, assigne la cause de tous les mouvemens des Iles-du-vent à la coalition des assemblées coloniales, des gouverneurs et des magistrats qui tous voyoient avec peine, ose-t-il ajouter, paroître un nouveau régime destructeur de leur autorité et de leurs prétentions, de-là, s'écrie t-il, les vexations, les dénis de justice, les proscriptions, de-là, les menées sourdes, les machinations secrêtes etc. C'est de la même source qu'il fait découler tous les désagrémens qu'ont éprouvés les commissaires civils etc. le tems est venu, déclame t-il d'un ton d'inspiré, le tems est venu de faire ceser ces abus et d'en punir les auteurs. Il faut que dans nos colonies les hommes en place apprennent, que nul homme n'est au dessus de la loi, que son glaive se promene indistinctement sur toutes les têtes.

Voilà bien des phrases, M. Queslin, mais somme toute, que prouvez-vous? Voyons :

M. de Béhague a ramené le calme dans la Martinique, d'une main ferme et active, il a tenu les rênes du gouvernement général des colonies du Vent; il a contenu les factieux, arrêté les séditions, étouffé des haines souvent prêtes à renaître, et mérité d'être appellé le sauveur des Antilles. C'est sur cet officier, digne objet de la reconnoïssance des colons et des remerciemens de la Nation, c'est sur lui, dis-je, que votre patriotisme excite l'animadversion de l'assemblée, parce qu'il a, d'après vos raisonnemens, contrarié quelques opérations des commissaires civils, rendu publiques ses conférences avec eux, et ordonné à son subordonné de reprendre des fonctions militaires que ce même subordonné avoit quittées sans le prévenir. Peut - on croire qu'il ait, par cet acte de discipline, rendu impossible la marche de la commission ? Elle n'a été impossible que pour les sieurs Lacoste et Magnytot, dont l'orgueil et le despotisme trouvent en vous un apologiste, je ne sais pourquoi, tandis que vous n'avez entendu ni les sieurs Linger et Mondenoix, ni même examiné les pièces de la commission que vous convenez être restées entre leurs mains. Comment M. de Béhague pouvoit-il frapper de nullité une commission dont les membres étoient divisés ? N'est-ce pas plutôt les sieurs Lacoste et Magnytot qui l'ont frappé de nullité, en abandonnant brusquement leur poste dans le moment le plus critique, et lorsque les malheurs de S. Domingue menaçoient les Isles-du-vent du plus funeste contre-coup. Les sieurs Linger et Mondenoix, fidèles à leur devoir, ont maintenu le calme et dissipé les orages par leur douceur et leur constance. A - t - on demandé aux sieurs Lacoste et Magnytot par quels ordres ils étoient revenus en France ? Mais non : l'un ministre, et l'autre premier commis au département de la marine , semblent jouir de la récompense d'une conduite qui n'a pas été éclairée , lorsque leurs collègues et les gouverneurs qui s'en plaignent , sont inculpés et traités avec rigueur, sans avoir été entendus.

En vain M. Queslin prétend animer l'assemblée nationale d'un sentiment profond contre l'assemblée de la Guadeloupe, en l'accusant entre autres choses de prendre des arrêtés en incompétence , et de se parer de la qualité d'assemblée législative, etc. Toutes ces inculpations sont détruites par les pièces que M. Queslin connoissoit lui-même , et que je relate à la fin du ce Mémoire pour détruire ses assertions.

L'assemblée de la Guadeloupe a bien pu commettre quelques erreurs de lieux et de circonstances , par l'ignorance des formes et du nouveau mode , mais ses intentions ont toujours été pures et ses principes sains. Elle les a consignés dans sa profession de foi dont M. Queslin s'est donné de garde de parler, elle les a manifestés par une conduite noble et modérée , et dont le résultat a été de conserver la colonie dans le plus grand calme au milieu des orages qui grondoient de tous côtés.

Quels sont , répondez-moi , Monsieur Queslin , quels sont les torts de M. de Clugny ? Est-ce d'avoir contribué par son influence , son expérience et ses talens à conserver à la métropole une ressource aussi précieuse que la Guadeloupe ? est-ce d'avoir eu assez de liant et de connoissance du cœur des hommes , pour avoir ramené sans cesse les colons à l'union et à la concorde , assez de patriotisme pour s'être jetté au milieu des partis et les avoir désarmés, assez de courage et de force pour avoir, malgré une santé languissante, sacrifié son repos au bonheur de ses concitoyens? Cette conduite est, sans doute, bien surprenante chez un gouverneur, qui ne voyoit dans le nouvel ordre que l'extinction de ses prérogatives; et c'est ce même gouverneur que vous accusez dans votre rapport d'avoir sollicité des commissaires de conserver à la Guadeloupe le système nouveau de la constitution, au-lieu d'y rétablir l'ancien régime, comme ils l'ont fait à la Martinique. Soyez donc conséquent avec vous-même, Monsieur Queslin. Vous qui parlez de justice et d'humanité, qui plaignez quelques individus déportés, sans examiner que ces mesures sont indispensables dans des colonies exposées à recevoir l'écume de toutes les nations, sans calculer ces mêmes précautions sur la position géographique des isles de l'Amérique, et sur les troubles qui les agitoient; vous, dis-je, qui parlez de justice et d'humanité, serez-vous assez injuste et assez barbare pour faire arracher M. de Clugny à sa famille, à ses propriétés, malgré son âge et ses infirmités, afin de venir à deux mille lieues, rendre compte, et de quoi ! d'une conduite connue de tout le monde, et dont le fruit est apprécié par toutes les chambres de commerce, par tous les amis de l'ordre et de la propriétédu royaume. Vous n'ignorez pas, Monsieur Queslin, que j'étois porteur des délibérations de toutes les municipalités de l'isle en faveur de M. de Clugny. Je vous les ai confiées, et vous n'en avez pas fait mention dans votre rapport. Je vous avois dit que la première démarche de ce gouverneur, lorsque l'assemblée de la Guadeloupe put délibérer librement à la Pointe-à-Pître, fut de se transporter dans son sein, accompagné des capitaines marchands qui se trouvoient dans la ville, et de demander au nom du commerce de France que l'assemblée voulut bien annuller un arrêté qu'on l'avoit forcé de prendre à la Basse-Terre contre les intérêts de ce même commerce, qui fut annullé sur-le-champ, et qui mérita à M. de Clugny les remerciemens et les félicitations de tous les bons citoyens ; cependant vous n'en avez pas dit un mot.

Mais c'est peu pour vous de promener le glaive de la loi sur l'assemblée de la Guadeloupe, sur MM. de Béhague et de Clugny, il vous falloit encore une victime en M. d'Arrot, officier recommandable par ses services dans les guerres de l'Amérique angloise, et dont tout le crime est une déférence louable à son chef, une adhésion volontaire aux sentimens d'un homme chéri d'une colonie tranquille.

En dernière analyse, il paroît que sur quelques pièces peu signifiantes, sur des données vagues, et des oui-dires des sieurs Lacoste et Magnytot, Monsieur Queslin a bâti un rapport, où son imagination a pris des moulins à vent pour des géants, a cherché des crimes là où il n'existoit que des erreurs de lieux et de circonstances, et a excité par oubli la sévérité de l'assemblée sur des faits antérieurs à l'amnistie accordée le 27 du mois de septembre de l'année dernière, et promulguée aux isles de l'Amérique au commencement du mois de Décembre.

Il est peu de personnes , dit Monsieur Queslin , *dans son rapport , page 25 , qui n'ait pu remarquer parmi une certaine classe de nos François américains , cette disposition maligne qui tend sans cesse à dénigrer l'homme le plus irréprochable , lors même qu'il est revétu d'un caractère public , s'il n'a pas le bonheur de leur plaire , ni la foiblesse de se ranger de leur parti. On peut donc croire sur leur parole les commissaires lorsqu'ils se plaignent , etc.* Comme observateur , Monsieur Queslin peut être très-profond , il peut avoir du tact et de la finesse ; mais comme rapporteur du comité colonial, il me fera trembler toutes les fois que pour base de son travail, il se servira , au-lieu de faits et de pièces probantes , de pareilles réflexions. Qui peut penser sans frémir que l'on puisse se jouer ainsi d'une sort d'une colonie importante et des citoyens qui ont bien mérité de la patrie par leur civisme ! Quelle confiance peut inspirer un rapport ainsi conçu !

RÉSUMÉ

RÉSUMÉ.

Monsieur Queslin a pu se tromper avec les meilleures intentions *errare humanum est*, c'est la devise de tous les hommes ; mais il est beau de revenir de son erreur. Monsieur Queslin a trop de probité pour ne pas le sentir. Il s'empressera, en suivant l'impulsion de son cœur, de faire changer les dispositions que l'assemblée avoit cru devoir prendre dans sa sagesse, d'après son rapport.

Il sentira qu'il est inutile et dangereux d'aigrir des colons disposés à recevoir avec respect la loi du 28 mars dernier.

Que l'assemblée coloniale et toutes les municipalités devant être réélues d'après de nouvelles bases, il n'y a pas même lieu à délibérer sur les actes antérieurs, sur-tout lorsque l'amnistie a parlé, et que la France, comme une mère bienfaisante, ne cherche qu'à ramener ses enfans de l'Amérique à l'oubli du passé, à l'union et à l'harmonie si nécessaires à leur salut.

Plein de ces idées de sagesse et de modération qui conviennent à son caractère de député et à ses qualités d'homme privé, Monsieur Queslin sera le premier à engager l'assemblée à se faire rapporter le décret qu'il lui a proposé, et à l'annuller, en déclarant qu'il n'y a pas lieu à délibérer. Monsieur Queslin sentira particulièrement combien il y auroit de barbarie à mander M. de Clugny, à l'arracher à sa famille

C

et à ses propriétés, à le forcer à un voyage de deux mille lieues, voyage pénible à son âge, et avec les infirmités dont il est accablé. Monsieur Queslin ne tardera pas à apprendre que M. de Clugny, loin d'être dangereux dans la colonie par sa présence, y sera l'homme le plus propre à y maintenir le calme et l'obéissance aux lois par ses conseils et la confiance que son patriotisme, ses talens et son expérience lui ont acquise sur les colons.

Le député de la Guadeloupe auprès du Corps législatif et du Roï,

ROMAIN LACAZE.

PIECES JUSTIFICATIVES.

PIECE A.

Observations sur la conduite des Commissaires du Roi à la Guadeloupe, et sur leurs proclamations du 29 septembre et du 4 octobre 1791.

Le 25 août 1791, la Guadeloupe étoit en paix. L'assemblée caloniale tenoit ses séances ; forte de l'assentiment de ses constituans, si l'on en excepte une partie de la ville Basse-Terre coalisée avec sa municipalité, elle maintenoit de concert avec le gouverneur, sinon un calme profond et incompatible avec les circonstances, du moins une tranquillité suffisante pour attendre sans secousse les instructions annoncées. De l'agitation dans les esprits, suite nécessaire de la révolution, des opinions différentes, mais point de violences contre les personnes, point de troubles publics, pas une goûte de sang versé ; cet état de choses, fut-il fondé sur des erreurs, étoit trop précieux pour n'être pas maintenu.

MM. les commissaires du roi arrivent, et la scène change. Invités depuis plusieurs mois, par l'assemblée coloniale et par le gouverneur, de se rendre à la Guadeloupe, ils ne cèdent point aux instances de la colonie : mais la municipalité de la Basse-Terre verbalisant sans cesse, par l'esprit d'intrigue qui la dirige, supposent des troublent effrayans dans la ville, appelle à grands cris les commissaires du roi, et ces Messieurs sans s'informer des dépositaires de l'autorité si ces troubles sont réels, sans avoir prévenu le gouvernenr de la Guadeloupe, quittent la Martinique sur la demande d'une municipalité et paroissent à la Basse-Terre. Première inconséquence.

Détrompés à leur arrivée sur cet incendie dont ils ne trouvent aucune trace, ils s'apperçoivent bien que le secours des *pompiers* est inutile. Un grand nombre des citoyens les plus honnêtes les visite. *On leur fait part des plaintes qu'on avoit été obligé de porter contre la municipalité : et de l'arrêté pris la veille par l'assemblé coloniale qui déclare cette même municipalité coupable, et mande à la barre le maire et deux officiers municipaux. Ce trait de lumière jetté sur leurs premiers pas, dût éclairer leur religion et les avertir de se tenir en garde contre de nouvelles surprises* ; cependant ils visitent en corps cette municipalité qu'ils devoient ragarder comme suspecte ; et là s'élève entr'eux et les municipaux un débat d'honnêtetés et de procédés, pour savoir s'ils viendront à la maison commune compulser eux-mêmes les registres, ou si on les leur portera en leur hôtel. Deuxième inconséquence.

Leur présence devenant inutile à la Basse-Terre, les commissaires se rendront-ils de suite à la Pointe-à-Pitre pour y traiter, avec l'assemblée et le gouverneur, des grands intérêts de la colonie ? Tout homme sage eût prit ce parti, mais c'étoit convenir qu'on avoit eu tort de venir à la Basse-Terre, et, pour couvrir cette première erreur, ils préférèrent d'y rester. Troisième inconséquence.

Il falloit bien alors trouver la chose publique en danger, aussi la différence des opinions paroît-elle à leurs yeux une exaltation allarmante (*Proclamation ligne 28*). Il existoit dans la ville une assemblée particulière, sous le nom de fédération ; un certain nombre de citoyens, les plus recommandables, opprimés jusqu'alors par un parti dominant, s'étoient réunis pour opposer aux perturbateurs du repos public, la résistance d'un corps, et les dénoncer à qui de droit. C'est sur les statuts de cette association, autorisée ici comme en France par les circonstances, que s'exerce la sagacité profonde de MM. les commissaires du roi, et trois semaines s'écoulent dans cette laborieuse inaction. Quatrième inconséquence.

Enfin ils partent pour la Pointe-à-Pitre et se présentent à l'assemblée coloniale *le 17 Septembre*. Quelque tems auparavant ils eussent été accueillis avec transport. On les reçoit avec froideur et dignité. Ils complimentent l'assemblée sur ces utiles et glorieux travaux ; félicitent la Guadeloupe d'avoir sçu maintenir le calme dans son sein , au milieu des orages de la révolution ; et après une approbation aussi authentique, ils requièrent en sortant le ministère public de poursuivre sans délai les habitans fédérés de Ste. Anne , et lui remettent en sortant une liste indicative des témoins qu'il devoit faire entendre. Cinquième inconséquence.

Cette démarche contradictoire émeut l'assemblée coloniale qui nomme de suite six commissaires pour traiter avec eux. Dans la première entrevue on *discuta les pouvoirs respectifs :* la contestation fut vive , et *l'amour propre de M. Delacoste s'en aigrit à telle point ,* qu'il quitta les conférences et la Pointe-à-Pitre. Cependant ses collègues les continuent. On se rapproche. On fait des sacrifices de part et d'autre, et les conférences sont terminées et signées à la satisfaction commune, MM. les commissaires du roi écrivent à l'assemblée une lettre approbative de ses opérations , et lui témoignent leurs regrets de ne pouvoir rester plus long-tems à la Guadeloupe. L'assemblée coloniale devoit être confiante , elle leur répond de la manière la plus flatteuse. Qui auroit pu penser que ces démonstrations amicales cachassent le projet de se retirer à la Basse-Terre pour y mettre au jour leur proclamation du 29 Septembre ? Sixième inconséquence.

Le gouverneur de la Guadeloupe , justement allarmé d'un acte qui pouvoit incendier la colonie ; quand il eût été fondé en raison , leur fait des observations pressantes pour les engager à ne pas le publier , mais rien ne les arrête : leur amour propre humilié à la Pointe-à-Pitre leur ferme les yeux sur les dangers qui pouvoient en résulter , et malgré la déclaration du représentant du roi, qui cesse toute fonction plutôt que de devenir leur complice en leur prêtant son autorité , ils le font promulguer et afficher par la municipalité de la Basse-Terre. Septième inconséquence.

Telle est l'apperçu douloureux de la conduite qu'ont tenue à la Guadeloupe les Commissaires du roi. Il faut le terminer par un trait qui s'applique principalement à *MM. Lacoste* et *Magnitot*. Toujours entourés à la Basse-Terre de gens notoirement suspects, des membres de la municipalité que l'assemblée avoit frappés d'anathême et de leurs adhérans, ils n'ont pas sçu se prémunir contre leurs insinuations perfides : leurs caresses, leurs soumissions apparentes les ont séduits ; et oubliant bientôt ce caractère d'impartialité qui convenoit à des ministres de paix, ils ont provoqué un désordre général en fortifiant de leur opinion une minorité d'autant plus coupable, qu'elle est depuis longtems rébelle au vœu de la colonie. Dernière inconséquence.

Mais il est tems d'axaminer la proclamation en elle-même et de développer les vices dont elle est infectée.

Dans la forme elle est irrégulièrement promulguée. Si l'action de deux pouvoirs est nécessaire pour la formation de la loi, leur concours ne se manifeste pas moins dans sa publication ; rien en effet ne peut être mis à exécution dans la colonie sans l'assentiment du représentant du roi. MM. les commissaires du roi l'ont requis, et il leur a formellement déclaré qu'il cessoit ses fonctions, pour ne pas donner les mains à un acte aussi désastreux. Que devoient-ils faire alors ? requérir M. le commandant en second. Mais cette intervention nécessaire du pouvoir exécutif entraînoit quelque délai, et il leur tardoit de mettre au jour leur chère proclamation; ils ont préféré de s'investir de tous les pouvoirs, et ils l'ont fait promulguer ; par qui ? Par la municipalité de la Basse-Terre. Qu'ils fassent donc aujourd'hui des vœux et des efforts pour le maintien de l'ordre et de la tranquillité publique, car ils ont appellé sur leurs têtes la reponsabilité toute entière.

Dans sa forme matériellé, cet acte paroît revêtu de la signature des quatre commissaires. Mais ignore-t-on que MM. Montdenoix et Linger n'osoient l'approuver hautement, et qu'ils redoutoient encore plus la publication ? leur signature ne doit donc être considérée ici que comme l'effet de l'influence despotique de M. Lacoste sur l'opinion de ses collègues.

Au fonds, cettte proclamation porte avec elle tous les caractères de réprobation.

D'abord elle est contraire à la vérité en plusieurs points. Il est faux qu'à l'arrivée de MM. les commissaire du roi à la Basse-Terre, les têtes fussent dans un état allarmant (§. 4). Nous avons déjà exposé les motifs qui portoient MM. les commissaires à faire parade de ces allarmes imaginaires ?

Il est faux que la fédération (*ibid.*) particulière de la Basse-Terre soit semblable à celle de Sainte-Anne.

Il est faux qu'ils n'ayent été informés que pendant leur route de l'arrêté de l'assemblée coloniale qui cassoit les officiers municipaux de la Basse-Terre. L'arrêté est *du 12* septembre, MM. les commissaires ne sont partis que le 15, et ils avoient déjà manifesté à la Basse-Terre leur opinion sur cet arrêté.

Il est faux que l'assemblée coloniale ait privé ces officiers pendant cinq ans des droits de citoyens actifs (*ibid.*). Entre l'éligibilité aux fonctions publiques et le droit de citoyen actif, la différence est grande.

Il est faut que sur tous les objets que MM. les commissaires du roi ont cru devoir mettre en question à la Pointe-à-Pitre, toute solution soit devenue impossible, parce qu'on n'a voulu discuter que la mesure et l'étendue de leurs pouvoirs (§. 7). Plusieurs questions étrangères à leurs pouvoirs ont été agitées entr'eux et les commissaires de l'assemblée. Le procès-verbal des conférences fait foi. Au reste si MM. les commissaires du roi eussent moins écouté les conseils de leur amour propre, rien ne les eût empêchés, en continuant les conférences, de discuter tous les objets relatifs à l'intérêt public.

Elle est encore inconséquente, parce qu'en admettant avec

MM. les commissaires que le calme (§. 1) régnoit à la Guadeloupe , il étoit de leur sagesse (c'étoit même le seul objet de leur mission) de maintenir un état de choses provisoire et favorable aux intérêts du commerce et de la Métropole , ne porta-t-il que sur des bases fausses , plutôt que de compromettre la tranquillité publique , en voulant y substituer leur doctrine au moins prématurée.

Elle est impolitique , parce qu'ils ont choisi , pour jetter le brandon au milieu de nous , l'instant où des mouvemens séditieux et des insurrections éclatoient de toutes parts , à la Pointe-à-Pitre , à Saint-Pierre , à Sainte-Lucie , et à bord de l'escadre.

Elle est injurieuse à l'assemblée coloniale et au représentant du roi , parce que le §. 8 , par un trait d'autant plus perfide , qu'il paroît indirectement lancé , tend à laisser croire *que le calme dont jouit la Colonie , acheté aux prix de l'oubli des principes et de l'excès des pouvoirs de la part de ceux qui sont revêtus de fonctions publiques , n'est que le calme du despostime et de l'oppression.*

Elle est funeste dans ses conséquences , parce qu'en déclarant irréguliers , illégaux et inconstitutionnels les arrêtés sanctionnés de l'assemblée coloniale , elle avilit les seuls pouvoirs respectés jusqu'ici , et enseigne au peuple , déjà trop facile à égarer , l'affreuse doctrine de l'insubordinatiou.

Mais je vais plus loin. Je soutiens que la proclamation du 29 septembre porte sur des principes faux ou du moins inapplicables à l'espèce , et que MM. les commissaires du roi ont outre-passé leurs pouvoirs.

Vous les entendez réclamer sans cesse la loi et la constitution françoise. Quelle est donc cette loi qu'ils ne citent jamais ? Quelle est donc cette constitution dont ils s'étayent avec tant d'emphase ? Je ne connois encore que deux loix décrétées pour les Isles-du-Vent. L'une constitutionnelle et permanente , fixe les pouvoirs de l'assemblée coloniale et du gouverneur. C'est le décret du 8 mars 1790 , avec les instructions du 28. L'autre accidentelle et passagère , confie à MM. les commissaires une autorité suffisante pour rétablir l'ordre dans les Colonies. (C'est le décret du 29 novembre suivant.) Le reste de la constitution française nous est absolument étranger , et ce sont les intentions de l'assemblée nationale et du roi , manifestées dans le premier paragraphe de la loi du 8 mars. Or , je le demande , laquelle de ces deux loix autorise MM. les commissaires à casser les arrêtés sanctionnés de l'assemblée coloniale ? L'article 17 des instructions dit : *que les loix purement intérieures* , arrêtées par les assemblées coloniales , *pourront être provisoirement exécutées , avec la sanction du gouverneur , sauf l'approbation définitive du roi et de la législature française.* La révision de ces loix appartient donc en définitif à la législature française et au roi. Il n'y a donc que la législature française et le roi qui puissent les modifier ou même les annuller , si besoin est. C'est un droit inhérent à la souveraineté , et qu'ils n'ont transmis à personne. Mais , dira-t-on , si ces arrêtés sanctionnés nuisent à la tranquillité publique , que MM. les commissaires sont chargés de rétablir ou de maintenir.......... qu'ils agissent alors auprès des assemblées coloniales , de toute l'influence que leur donne leur caractère , pour les engager à les rétracter. En cas de refus , qu'ils les dénoncent à l'assemblée nationale et au roi. Le danger est-il pressant ? qu'ils suspendent leur activité. Mais jamais ils n'ont pu s'investir du droit de casser leurs arrêtés. S'ils peuvent en annuller un seul , ils peuvent également les annuller tous. Eh ! quel renversement affreux de l'ordre social , qui ne repose que sur la division des pouvoirs ! Telle n'étoit pas leur doctrine , lorsqu'à leur arrivée à la Basseterre , ils déclaroient à ceux qui réclamoient leur autorité , qu'ils ne pouvoient faire aucun acte de jurisdiction. Tels étoient encore moins leurs sentimens à la Pointe-à-pitre , lorsqu'ils disoient à l'assemblée coloniale, qu'ils étoient venus dans son sein , pour être plutôt les spectateurs que les coo-

D

pérateurs de ses travaux. Par quel étrange aveuglement se sont-ils donc permis, oubliant tout-à-coup leurs principes, et foulant aux pieds toutes les résistances, d'usurper la prérogative nationale, et de substituer leur volonté particulière à celle de la loi qui devoit leur servir de guide.

Il me reste présentement à jetter un coup-d'œil sur les deux objets qui ont si fort allumé la bile de MM. les commissaires du roi. La fédération particulière de la Basse-Terre est connue du public, puisqu'il a plu à MM. les commissaires d'en faire imprimer les statuts à la suite de leur proclamation du 29 septembre. Je ne leur reprocherai pas d'avoir *supprimé le serment*, *qui seul pouvoit éclairer les doutes des citoyens sur la pureté des intentions* des fédérés. Cette omission, si elle étoit volontaire, ne ressembleroit pas mal à ces petites supercheries d'auteurs, et de pareilles ruses sont trop au-dessous de la dignité de leur caractère. Mais enfin, comment n'ont-ils pas vu que ces fédérations particulières étoient des associations momentanées, formées par les circonstances, et que leur but n'étoit que d'isoler les méchans en réunissant tous les bons citoyens? Comment n'ont-ils pas vu qu'elles avoient été fondues dans la fédération générale, et qu'il ne restoit plus aux fédérés d'autres droits que de s'assembler pour dénoncer les perturbateurs du repos public, droit acquis à tous les citoyens, mais que l'on se soucie rarement d'exercer en son nom? Comment n'ont-ils pas vu qu'en approuvant la fédération générale, et frappant d'anathême les fédérations particulières, ils étoient tombés en contradiction avec eux-mêmes; puisque l'article 7 de l'arrêté du 25 septembre, admet un chef de fédération dans chaque paroisse; ce qui suppose nécessairement des fédérations particulières? Comment ont-ils oublié qu'il existe en France, peut-être deux cents clubs, sous le nom de *la fédération*, et que jamais l'assemblée nationale n'a déclaré ces corporations irrégulières et inconstitutionnelles? Les fédérés de toutes les paroisses pourroient donc changer le titre de leur association en celui de club , et la constitution française les mettroit à l'abri des foudres de MM. les commissaires ? Bon Dieu ! que tout cet échafaudage est puéril ! que le squelette de ces belles proclamations est petit et misérable , quand on les a dépouillées des ornemens et des couleurs qui les environnent !

Leur seconde décision est-elle mieux fondée ? Il suffit de prononcer le nom de l'ancienne municipalité de la Basse-Terre, pour se rappeller ses intrigues , ses dénonciations , ses entreprises , ses procès-verbaux , la violation du dépôt des lettres , le mémoire historique , enfin, toutes les horreurs pratiquées dans ce tribunal de haîne et de vengeance. L'assemblée coloniale , soulevée d'indignation à la vue des pièces de conviction , a cassé ces officiers municipaux , et les a *déclarés incapables d'être élus aux places de fonctionnaires publics pendant cinq années* , sauf *la poursuite* des tribunanx pour autres délits que pour ceux *d'administration*. Tel est l'arrêté sanctionné , que MM. les commissaires du roi déclarent irrégulier , illégal, opposé aux principes de la constitution française , excédant les pouvoirs réunis de la législature française et du roi, etc. etc. Encore la loi, sans en citer aucune! Encore la constitution française , qui n'est pas faite pour nous , et que nous devons ignorer ! Je n'entrerai point dans la question de savoir si l'assemblée eût mieux fait de suspendre ces officiers coupables et de les livrer à la rigueur des tribunaux. Je demande seulement à MM. les commissaires du roi , quelle est la loi enregistrée aux Colonies , en vertu de laquelle le juge eût pu atteindre des officiers municipaux, pour délits d'administration. Dans l'état de choses provisoire où nous existons , l'assemblée coloniale est leur supérieur immédiat. C'est elle qui a créé les municipalités. Elle pouvoit les modifier à son gré, même les rejetter tout-à-fait; c'est donc à elle qu'il appartient jusqu'à présent, lorsqu'elle a dûment constaté l'abus des pouvoirs , de priviver des officiers prévaricateurs des fonctions administratives. D'ailleurs, a-t-elle prononcé sans appel ? a-t-elle ôté à ces citoyens la faculté de porter leurs plaintes à la législature françoise et au roi ? C'étoit un procès entr'eux et l'assemblée coloniale. De quel droit MM. les commissaires interviennent-ils dans une affaire étrangère à leur mission, puisque la tranquillité publique n'étoit pas troublée ? En supposant même que l'assemblée coloniale eût excédé ses pouvoirs par l'arrêté du 13 septembre, cette faute les autorisoit-elle à en commettre une autre ? pouvoient-ils, sans méconnoître aussi leurs pouvoirs, se permettre un acte de jurisdiction qui n'étoit pas de leur compétence en annullant cet arrêté sanctionné !

J'ai peu de choses à dire sur la proclamation du 4 octobre, il eut été plus sage de ne pas faire une blessure que d'être obligé de la panser. Il me suffira d'observer que cette seconde proclamation est encore plus irrégulièrement promulguée que la première. On lit au bas, que M. le gouverneur est requis de tenir la main à son exécution, et de l'envoyer dans toutes les paroisses pour y être lue, publiée et affichée. Quel est donc ce gouverneur requis par MM. les commissaires, puisque M. de Cluguy avoit cessé ses fonctions, le 3, et étoit parti de la Basse-Terre.

B.

Réponse des Commissaires de l'assemblée coloniale.

Extrait du procès-verbal de la troisième conférence, du 21 sept. 1791.

MM. les commissaires du roi n'étant pas parfaitement d'accord avec nous sur les pouvoirs de l'assemblée-générale-coloniale, la séance s'est ouverte par la demande qu'ils nous ont faite de vouloir bien établir par écrit notre opinion à cet égard ; il a été convenu de soumettre à l'assemblée la réponse que nous leur avons faite.

» Nous pensons que les pouvoirs de l'assemblée-générale
» coloniale sont suffisamment justifiés par le décret de l'assem-
»blée nationale du 8 mars et par ses instructions du 28 du
» même mois, auxquels nous nous tenons respectueusement,
» et sur lesquels toute discussion *ne peut dans ce moment que*
» *produire les plus grands troubles dans la colonie.* »

C.

Extrait de la réponse de l'assemblée coloniale à l'ex-
posé des commissaires du roi, du 22 sept. 1791.

L'assemblée-générale-coloniale de la Guadeloupe, d'après
la loi du 8 mars et les instructions du 28 du même mois, qu'elle
n'en a jamais séparées, et qui sont devenues sa régle de
conduite, s'est investie, non pas du droit seulement de proposer et de préparer des loix, mais du pouvoir législatif provisoire pour tout ce qui regarde son régime intérieur, avec la
sanction provisoire du gouverneur, sauf l'approbation définitive
de l'assemblée nationale et la sanction du roi. Elle y étoit
autorisée par l'ensemble et plus précisément par l'article 17
des instructions du 28 mars, et encore par l'empire de la raison
qui ne permet pas que la mere-patrie puisse prévoir à 1800
lieues toutes les loix locales que les circonstances nécessitent et
tout ce qu'une police intérieure et étangère à elle peut exiger.

D.

Réponse de l'assemblée coloniale de la Guadeloupe
aux commissaires du roi, écrite de la Pointe-à-
Pitre, le 6 juillet.

MESSIEURS.

L'incompétence où nous nous trouvons depuis quelque
tems, nous met dans l'impossibilité de répondre, au nom de

la colonie, à la lettre que vous nous avez fait l'honneur de nous adresser le 23 du mois dernier.

Nous ne pouvons en ce moment que vous prier d'attribuer le silence de notre assemblée générale à l'état d'incompétence où elle est, et à la persuasion que la lettre du 19 avril qu'elle a eu l'honneur de vous écrire contre l'envoi de M. Masse à la tête de notre administration, auroit obtenu de vous l'effet qu'elle s'en étoit promise.

Nous nous empressons, Messieurs, de remettre votre lettre sous les yeux de l'assemblée devenue compétente, et nous desirons que vous vouliez bien ne prendre aucun parti avant d'avoir de nouveau reçu son vœu, sur une affaire de la la plus grande importance, puisqu'il y va de la tranquillité d'une colonie aussi précieuse que celle-ci. Nous sommes, etc, Les membres de l'assemblée-générale-coloniale de la Guadeloupe. *Signé*, DELORT, ex-président; MAUREL et L. ST-MARTIN, sécrétaires.

E.

Lettre de l'assemblée coloniale de la Guadeloupe aux Commissaires du roi. (sans date.)

MESSIEURS,

L'assemblée incompétente, et en très-petit nombre, a eu l'honneur de répondre le 6 de ce mois à la lettre que vous lui avez adressée le 23 Juin; elle se trouve dans ce moment plus nombreuse, et composée de 30 membres, qui, cependant, ne forment pas encore la compétence; mais, d'après l'unanimité des suffrages, elle a cru devoir entrer avec vous dans de nouveaux détails.

F.

Observations de M. le gouverneur sur la proclamation des commissaires du roi, du 29 sept. 1791.

Le gouverneur de la Guadeloupe a reçu la réquisition qui lui a été faite par Messieurs les commissaires du roi , de tenir la main à la promulgation et à l'exécution d'une proclamation qui y étoit jointe, en date de la Basse-Terre , le 29 septembre 1791 , commençant par ces mots : *Au milieu des dissentions ,* et finissant par ceux-ci : *Pour y être lue , publiée et affichée.* Signé Lacoste, Magnytot, Montdenoix , Linger , et ce , au nombre de 300 exemplaires qui lui ont été remis par MM. Montdenoix et Linger, sans avoir été comptés.

Le gouverneur de la Guadeloupe, non moins jaloux que messieurs les commissaires du roi de remplir les devoirs de la place qui lui est confiée, et de maintenir les principes consti- tutionnels décrétés pour les colonies par la loi du 8 mars 1790 , et par les instructions du 28 du même mois, lesquelles seules ont dû servir de guide , croiroit trahir la confiance que la nation et le roi ont bien voulu lui accorder , s'il ne mettoit sous les yeux de MM. les commissaires du roi, les malheurs inévitables qui résulteront de la publication de leur procla- mation.

Le gouverneur de la Guadeloupe n'entrera pas dans la discussion des principes qui déterminent messieurs les commis- saires du roi à donner leur opinion sur les pouvoirs de l'as- semblée coloniale. C'est à cette même assemblée à reconnoître et fixer les bases d'après lesquelles elle s'est crue autorisée à faire provisoirement des arrêtés pour son régime intérieur, et à les mettre à exécution avec la sanction du gouverneur.

Il n'examinera pas si l'assemblée coloniale , après avoir établi volontairement des municipalités , qu'elle pouvoit modifier à son gré, ou rejetter tout-à-fait, a le droit de casser des officiers subalternes, coupables d'abus prouvés dans l'exercice des fonctions municipales ; si la fédération générale des bons citoyens de la colonie, approuvée par messieurs les commissaires peut subsister sans les fédérations particulières, dont les droits se bornent à dénoncer les pertubateurs du repos public ; si enfin, ces différens émanés de l'assemblée coloniale sont contraires à la constitution française, que l'assemblée national a déclaré n'être pas faite pour les colonies.

Toutes ces questions intéressent moins le gouverneur que le salut et la tranquillité de la colonie, qu'il voit compromis en ce moment. Il se bornera donc à observer à messieurs les commissaires du roi, que s'ils ont bien voulu se rendre aux desirs de l'assemblée coloniale sur deux objets qui ne touchoient point à l'ordre public, mais qui, sur le simple exposé des commissaires colons, leur ont fait craindre une commotion dangereuse dans les esprits, à combien plus forte raison cette commotion est-elle à redouter, lorsqu'on verra leur opinion clairement énoncée sur les objets les plus essentiels de cet ordre public ; lorsqu'on verra les pouvoirs encore respectés, attaqués jusques dans leurs fondemens, les arrêtés du corps colonial déclarés illégaux et inconstitutionnels, et le représentant du roi nécessairement inculpé pour les avoir sanctionnés.

Quel effet doit produire cette déclaration de messieurs les commissaires du roi sur des têtes déjà trop exaltées, et qui, fortes de cet assentiment, se croiront autorisées à ne plus reconnoître des pouvoirs avilis ? Sous quel rapport fait-elle envisager l'assemblée coloniale et le gouverneur ? Comme des oppresseurs et des despotes qui, oubliant tous les principes et abusant de leur autorité jusqu'à l'excès, ont attenté aux droits des citoyens.

Messieurs les commissaires du roi connoissent-ils, dans cet état de choses, aucun frein qui puisse contenir les gens sans

aveu,

aveu, les soldats (1). . . . .

. . . .

Enfin cette multitude que les factieux font mouvoir à leur gré. Ils tourneront bientôt leurs armes contre les colons qu'on leur désignera comme leurs tyrans ; le fer et le feu ravageront la colonie, et la Guadeloupe, jusqu'ici heureuse et florissante, gémira d'avoir reçu dans son sein, ceux que la nation avoit envoyés pour la protéger.

On a vu la guerre civile embrâser la Martinique sur la seule différence d'opinions, entre les villes et les campagnes. On a vu dans cette is le malheureuse les troupes séduites, les forts livrés à des soldats révoltés, l'horreur et le carnage répandus dans les habitations incendiées, les esclaves en armes, enfin, les soutiens du commerce de la Métropole prêts à mourir de faim, ou à être livrés à leurs barbares ennemis. Cette terrible leçon seroit-elle perdue pour nous ? Et quel sera le sort de la Guadeloupe, si les organes de la loi renforcent de leur opinion des hommes dont la coalition bien connue a déjà mis les Antilles à deux doigts de leur perte.

Il suffit pour s'en convaincre, de jetter, les yeux sur leur position actuelle. Le crime veille sans cesse, quand les gens honnêtes dorment ; et messieurs les commissaires du roi pourroient-ils ne pas appercevoir les explosions successives d'un complot général formé en même-tems dans toutes les isles françaises ? le jour même de la fédération, la Pointe-à-Pitre étoit menacée d'une ruine inévitable, si par la valeur des colons et leur résolution de se procurer la paix, à quelque prix que ce fut, une compagnie de grenadiers rangés en bataille, et faisant feu sur leur général, l'assemblée coloniale, et des citoyens sans armes, n'eussent été désarmés et enlevés. . . .

. . . . , ...

(1) Des raisons de prudence ont déterminé la suppression de quelques réflexions de M. de Clugny, qui, sans doute, n'en saura pas mauvais gré aux commissaires du roi.

E

Apeu-près à la même époque on parle à la Martinique de mouvemens séditieux.

Nous voyons les habitans de Sainte-Lucie obligés d'abandonner leurs foyers pour environer le Morne-Fortuné et s'opposer à l'insurrection du régiment d'Aunis..

Les nouvelles reçues ce matin, l'insurrection de la frégate l'Embuscade, celle du vaisseau la Ferme prête à éclater, sont encore de puissants motifs pour déterminer messieurs les commissaires du roi à prendre en considération les circonstances dans lesquelles nous nous trouvons.

Et c'est dans ces circonstances aussi désastreuses, et c'est lorsque le danger et l'esprit de rébellion se manifestent de toutes parts, que messieurs les commissaires du roi, tenant à l'austérité de leurs principes, rendroient une proclamation dont l'effet est de jetter le blâme sur les opérations de l'assemblée coloniale, d'humilier les fédérés de toutes les paroisses, et par suite, d'entraîner un désordre général, en relevant l'espoir des mécontents. Le gouverneur de la Guadeloupe, messieurs les commissaires eux-mêmes, peuvent-ils se flatter quand les opinions exaltées se choqueront de toutes parts avec la violence que donne l'amour-propre humilié, d'opposer une digue suffisante à ce torrent que rien ne pourra plus contenir dans les bornes. Heureusement le sang n'a point encore coulé dans cette colonie, et le moment de sa perte seroit celui où la première goute seroit versée.

Mais non, ils ont senti les malheurs dont la Guadeloupe est menacée, et le gouverneur ose se flatter qu'ils voudront bien retirer la proclamation dont s'agit, et n'en pas requérir la promulgation.

A la Basse-Terre le 2 octobre 1791. *Signé*, Clugny.

G.

Réponse des commissaires du roi.

Les commissaires du roi ont lu avec la plus grande attention, et ont profondément médité les observations que M. le gouverneur a bien voulu leur faire, au sujet de leur proclamation du 29 septembre, qu'ils lui ont remise le premier de ce mois.

Ils s'abstiendront, comme l'a fait M. le gouverneur, de toute discussion sur ses principes qui ont déterminé cette proclamation de leur part. Comme lui, ils n'examineront par ce que l'assemblée coloniale a pu et dû faire ; ils se borneront à exposer ce que le devoir a exigé d'eux, ce que leur mission leur a imposé.

Aux yeux des commissaires du roi, les détails de la constitution française ne s'appliquent point, sans doute, aux Colonies de l'Amérique ; mais les principes généraux de cette constitution, que des localités ne sauroient altérer, doivent être adoptés, sans restriction, par tous les citoyens de l'empire français.

Les commissaires du roi se sont empressés de déférer aux desirs de l'assemblée coloniale sur deux objets particuliers, uniquement parce qu'ils n'intéressoient point, en eux-mêmes, l'ordre public. La crainte d'une commotion dangereuse, que MM. les commissaires colons ont voulu leur inspirer, n'a eu aucune part à leur détermination, ils ont recueilli, dans un des procès-verbaux de leurs conférences, la manifestation de cette crainte, vraie ou simulée, plutôt qu'ils ne l'ont partagée. Une telle manifestation ne sera, d'ailleurs, jamais pour eux un motif d'inaction, lorsque la raison et les principes leur commanderont d'agir.

M. le gouverneur conviendra, sans doute, que le plus grand, le plus dangereux des désordres, est que les dépositaires des pouvoirs publics, sortent des limites qui leur sont prescrites. Rappeler ces limites, y ramener ceux qui s'en sont écartés, ce n'est point affoiblir le respect dû aux pouvoirs, c'est en arrêter et en prévenir l'abus. Si par de faux ménagemens et une timide condescendance, les préposés à l'exécution de la loi devoient se taire, lorsque le corps colonial, lorsque le gouverneur sanctionnant ses arrêtés, se seroient trompés, il s'ensuivroit que l'erreur devroit être éternellement maintenue, et que ses effets, quelques dangereux qu'ils fussent, devroient se perpétuer comme leur cause.

Nulle application aux personnes et à des corps respectés autant qu'ils sont respectables, n'entrera jamais dans les vues des commissaires du roi. Dire qu'on e méconnu les pricipes, qu'on a excédé les bornes de l'autorité, ce n'est pas dire qu'on a voulu méconnoître ses principes, et franchir ses bornes ; c'est la volonté, c'est l'intention jointe au fait, qui inculpent, qui constituent le despotisme et l'oppression.

Il y a par-tout des gens sans aveu, il y a par-tout des hommes mal-intentionnés, des esprits foibles qu'il est facile d'égarer : par-tout, aussi, le seul frein qu'on puisse légitimement et efficacement opposer aux écarts, aux entreprises, aux projets dangereux, c'est la loi, c'est l'exécution de la loi. Indiquer cette loi, en réclamer l'exécution, ce n'est point fournir des armes aux méchans, c'est les contenir et les réprimer. La loi, l'exécution de la loi, loin de causer des troubles à la Guadeloupe y assureront toujours, comme par-tout ailleurs, la tranquillité publique et le bonheur particulier de chaque citoyen. C'est alors, alors uniquement, que la Colonie, au lieu de gémir, s'applaudira d'avoir connu une véritable protection.

La différence d'opinions, trop opiniâtrement soutenues, a produit les malheurs de la Martinique. L'indication de la loi, en fixant les opinions, préservera la Guadeloupe d'un semblable fléau. Ainsi, la leçon ne sera pas perdue, une meilleure leçon aura été donnée.

Les commissaires du roi , à leur arrivée aux îles du Vent, n'ont entendu parler que de la sagesse des habitans de la Guadeloupe , et du bonheur qu'ils avoient eu de se garantir des agitations contagieuses qui les avoient environnés. Pendant six mois , ce calme heureux leur a été constamment attesté. Si leur satisfaction a été troublée par quelques rixes particulières , par des insurrections partielles de soldats , nuls événemens , nuls complots généraux ne justifient la terreur qu'on s'efforce de leur inspirer pour les réduire au silence.

Il n'y a point à la Martinique de mouvemens séditieux ; cette île , théâtre d'une guerre civile récemment éteinte , est tranquille depuis sept mois , sans le secours de fédérations particulières , imaginées à la Guadeloupe dans le sein de la paix ; elle est tranquille sans l'exercice outré d'aucuns pouvoirs. Elle n'a dû , ne doit cette tranquillité qu'à l'indication, qu'à l'exécution de la loi ; et la proclamation des commissaires du roi , à la Guadeloupe , ne tend qu'à indiquer , qu'à faire exécuter la loi.

Le bataillon d'Aunis , en garnison à Ste. Lucie , n'est point en insurrection. Il ne demande qu'à connoître la loi , mise en doute par la diversité des opinions , pour lui obéir.

Le départ forcé de la frégate l'Embuscade est étranger à toute conspiration contre les Colonies ; puisque l'équipage n'a d'autre but que de repasser en France.

Les commissaires du roi ne tiennent point à leur opinion , mais à leurs devoirs. Ils ne blâment ; ils ne veulent humilier personne. Ils n'attaquent point la fédération générale, et ne blessent point, ainsi, l'amour-propre des fédérés ; amour-propre qu'on n'entendroit pas , sans doute , proposer pour règle de conduite aux commissaires du roi. Ils ont vu des erreurs particulières, des abus particuliers capables de causer des troubles généraux , et ils les font connoître pour en prévenir de nouveaux. Ils ne provoquent pas le choc des opinions ; ils les fixent, au contraire , en rappellant la loi,

Pourroient-ils craindre que la loi produisit l'exaltation, le désordre, le trouble dans une Colonie qui s'est toujours montrée sage, éclairée, et par cela même amie de la loi?

D'après toutes ces considérations, les commissaires du roi persistent dans leur réquisition à M. le gouverneur, et le prient de vouloir bien la faire exécuter le plutôt possible.

Basse-Terre, le 2 octobre 1791. *Signé* LACOSTE, MAGNYTOT.

H.

Lettre du gouverneur de la Guadeloupe aux commissaires du roi.

A la Basse-Terre, le 3 octobre 1791.

MESSIEURS,

Mon unique but a toujours été de maintenir la tranquillité dans la Colonie confiée à mes soins, et d'empêcher que les orages, dont elle a été sans cesse menacée, n'éclatassent sur elle. C'est ce qui m'a déterminé à vous faire des observations, prévoyant que votre proclamation ne pourroit encore qu'échauffer les esprits par les maux qu'ils redoutent. Votre réponse m'a fait voir qu'elles n'avoient produit aucun effet, et que vous n'aviez pas changé de résolution. Si je ne vous ai pas répondu sur le champ, c'est que j'ai pensé qu'il étoit nécessaire que je fisse un dernier effort pour empêcher que personne ne sortit des bornes du devoir, et j'espère avoir réussi. Quant à ce qui me regarde, messieurs, je ne peux trahir ma conscience, ainsi j'ai l'honneur de vous déclarer que, dès ce moment même, je cesse les fonctions de gouverneur de la Guadeloupe, ainsi que le roi m'en a donné la permission, et que je me décharge de toute responsabilité. Les circonstances me forcent impérativement à prendre ce parti. J'ai l'honneur d'être, etc. *Signé* CLUGNY.

I.

Réponse des Commissaires du roi.

Basse-Terre, le 4 octobre 1791.

MONSIEUR,

Nous avons vu, avec regret, la résolution que vous avez prise de cesser vos fonctions de gouverneur de la Guadeloupe. Nous avions, vous et nous, les mêmes devoirs à remplir ; nos intentions étoient, aussi, certainement les mêmes : il est fâcheux que cette conformité ne se soit pas étendue jusqu'à nos opinions. Vous avez, Monsieur, suivi les inspirations de votre conscience ; nous avons obéi à la nôtre : chacun de nous a fait ce qu'il devoit. Nous aurons seuls perdu ; les secours de vos lumières et de votre expérience nous manqueront.

Nous avons l'honneur d'être, etc.

Signé, LACOSTE, MAGNYTOT.

K.

Extrait des registres des délibérations de l'assemblée générale coloniale de la Guadeloupe, séante à la pointe-à-Pître, le 7 oct. 1791.

Déclaration des principes et profession de foi de l'assemblée générale coloniale de la Guadeloupe.

L'assemblée générale coloniale pénétrée de cette vérité que la paix intérieure est le seul moyen d'arriver au bonheur si desiré et si nécessaire aux colonies, et ne pouvant se dissimuler néanmoins les trames, les machinations qu'on n'a cessé d'employer depuis la révolution pour les éloigner de ce but : — Persuadée que les véritables colons, les propriétaires, les commerçans, ceux qui professent des arts et des talens utiles, et fondent, sur leurs travaux, l'espoir de leur fortune, doivent voir leur propre ruine dans les troubles de la société dont ils font partie, ne peuvent agir, en sens contraire, que parce que séduits, trompés et égarés par des prestiges, ils oublient que de l'union de tous dépend la sûreté de chacun : — Considérant que si l'on a pu diré *qu'il falloit des saignées au corps politique*, cette maxime abominable n'a pu être invantée que dans les cabinets des tyrans, par les agens du despotisme, et n'a jamais dû ni pu entrer dans les principes d'un peuple éclairé et doux : — S'arrêtant à cette grande règle que si le peuple doit faire les loix qu'il croit les plus propres à perpétuer et garantir son honheur, il n'est point d'autorité qui puisse arrêter l'effet de ces loix : — Ne pouvant considérer des fautes, des erreurs en politique et en législation, comme des délits, mais seulement comme un paspage à une plus grande perfection : — Parcourant le tableau des événemens de cet archipel, et voyant, avec satisfaction, que la Guadeloupe est, de toutes les colonies françaises, celle dont la constitution est la plus avancée, d'où le régime arbitraire est tout-à-fait banni, et qui s'est constamment maintenue dans un état de paix, malgré les secousses intantannées qu'elle a éprouvées : — Voyant toujours, avec douleur, la nécessité de réprimer la licence, et ne faitsant usage de sa sévérité qu'après avoir équisé sa clémence : — Convaincue que le tems est arrivé où elle ne peut plus abandonner à chaque citoyen le soin de se ralier à l'intérêt général par la conviction de sa propre conscience; qu'il est urgent de déconcerter des projets sinistres dont l'exécution plongeroit les colons dans un abîme de maux, et de reppousser la calomnie qui n'a cessé d'attaquer ses principes, et voulant

néanmoins

néanmoins ne faire encore usage que des moyens de persuasion que la justice, l'humanité et sa prudence lui suggèrent; a
déclaré et déclare qu'elle reconnoit comme principes fonda-
mentaux et constitutionnels :

1o. Que dans la nation est la souveraineté et le centre de
tous les pouvoirs.

2o. Que l'empire français est et ne peut être que monar-
chique.

3o. Que les colonies font partie de l'empire.

4o. Que les décrets et instructions de l'assemblée nationale, des 8 et 28 mars 1790, sanctionnés par le roi, sont
les bases inviolables et inaltérables de la constitution des
colonies.

5o. Qu'aux assemblées coloniales, librement élues, appartient le pouvoir législatif provisoire, sous la sanction du gouverneur, représentant du roi, sur tout ce qui n'a trait qu'à
l'organisation et au régime intérieur et particulier des colonies.

6o. Qu'à l'assemblée nationale et au roi, seuls et uniquement, appartient le droit d'abroger ces loix provisoires, et
qu'ils n'est point d'autorité qui puisse les enfreindre jusqu'alors.

7o. Que le pouvoir exécutif et ses agens, qu'elle que soit
leur mission, ne peuvent ni ne doivent apporter la plus lé-
gère atteinte au plein, libre et entier exercice de ce droit.

8o. Que vouloir élever une autorité à côté ou au-dessus de
celle-là, c'est opérer, par le fait, une contre révolution,
et priver les colons, dont la fidélité et le courage n'ont jamais cessé d'être à l'épreuve de tous les évènemens, des bien-
faits de la régénération de l'empire.

9o, Qu'il n'est de véritable patriotisme que celui qui con-
duit au bonheur de tous par la résignation et l'obéissance de
chacun.

10o. Qu'il n'est de vraiment ennemis de la patrie et de la
constitution que ceux qui, par violence ou par séduction,
fomentent des partis, divisent les opinions, et provoquent

F

par-là, le désordre , le trouble , l'anarchie et les maux qui
en font la suite.

11°. Que portion infiniment importante de l'empire , mais
trop éloignée pour s'identifier à tous les mouvemens de la
révolution , les colonies doivent attendre , dans la paix et le
silence , mais avec la sécurité qu'inspire le justice et l'équité ,
le résultat de la régénération entière de la nation française à
laquelle elles tiennent par les liens du sang , ceux du sentiment et ceux de l'intérêt, liens les plus sacrés et les plus
étroits qui puissent exister entre les hommes.

En conséquence l'assemblée arrête :

Que copie en forme de la présente déclaration sera inces-
samment envoyée à l'assemblée nationale et au roi, comme
le témoignage authentique de la pureté de l'intention des
colons de la Guadeloupe, et la garantie formelle de leur foi
et de leur attachemen.

Que *cinq cents exemplaires* seront imprimés , lus , publiés
et affichés dans les paroisses de la colonie , envoyés dans les
différens départemens de France.

Signé au registre , Hurault de Gondrecourt, président ;
Saint-Martin et Delaroncière , secrétaires.

Collationné par nous secrétaires de l'assemblée générale
coloniale. *Signé* Saint-Martin et Delaroncière , secrétaires.

L.

*Extrait des registres des délibérations de l'assemblée
générale coloniale de la Guadeloupe, séante à la
Pointe-à-Pître , le 12 sept. 1791.*

L'assemblée générale coloniale , après avoir interrogé et
entendu à la barre MM. les maire et officiers municipaux de

la Basse-Terre, ouï le rapport des commissaires envoyés par elle pour compulser les registres de la municipalité de ladite ville, et pris lecture de toutes les pièces qu'ils en ont rapportées, tant en extraits collationnés qu'en originaux :

Considérant que cette municipalité n'a ce cessé, depuis sa formation, d'afficher les principes les plus inconstitutionnels d'après lesquels elle a dirigé toutes ses opérations :

Considérant qu'elle a cherché à s'isoler dans la colonie, et à s'ériger en souveraine, en usurpant tous les pouvoirs et en manquant de respect et d'obéisance au corps colonial dont elle a méprisé les arrêtés et décliné le tribunal dans nombre de circonstances :

Considérant qu'elle s'est environnée, pour autoriser ses attentats, d'un corps de citoyens armés, qu'elle a crée d'elle-même, et à qui elle a reconnu pour commandant le sieur Coquille-Dugommier, quoiqu'étranger à la ville, lequel elle a reçu avec pompe lorsque la colonie entière le dénonçoit comme rebelle à la nation, à la loi et au roi :

Considérant qu'elle a violé le dépôt sacré de la confiance publique en interceptant des lettres adressées à des particuliers de la Martinique, et en priant le conseil général de Saint-Pierre d'en user de même pour celles qui seroient adressées à la Guadeloupe :

Considérant qu'elle a applaudi à ses constituans qui s'opposoient à l'acceptation des articles 17 et 18 des décrets et des instructions de l'assemblée nationale pour les colonies :

Considérant que par ses éloges et sa protection elle a encouragé les troupes de ligne dans l'indiscipline et la rébellion ;

Considérant qu'elle a contribué de tous ses moyens aux troubles qui ont déchiré le sein de la Martinique, par sa coalition avec le conseil de ville de Saint-Pierre :

Considérant que par une correspondance criminelle et par des insinuations dangereuses, elle a osé calomnier, dans toutes les places de commerce, municipalités et clubs de France, et auprès des commissaires du roi, délégues aux Iles-du-vent le gouverneur, les représentans, les planteurs, quantité de négocians et de citoyens recommandables, les officiers et soldats fidèles du brave et loyal régiment de la Guadeloupe :

Considérant que pour égarer et armer le peuple de Brest contre M. de Malvault, commandant la frégate la Calypso, elle a dénoncé cet estimable officier, son état major et son équipage à la municipalité de cette ville, quoiqu'il n'existât aucune preuve acquise contre eux, le pouvoir judiciaire étant saisi de leur affaire, ce qui ne pouvoit tendre qu'à l'exposer peut-être aux mêmes dangers que M. de Damas a courus à Cherbourg :

Considérant que pour soutenir des démarches aussi coupables, elle a nommé et envoyé, sans prévenir la colonie et sans son aveu, un représentant de la ville Basse-Terre et de son conseil général, auprès de l'assemblée nationale, des municipalités et clubs de France :

Considérant enfin qu'il est instant pour la sureté des particuliers, pour le repos de la colonie entière et pour le retour parfait du bon ordre, de la délivrer des membres de ce tribunal et d'éteindre par-là le foyer des troubles et des dissentions :

A arrêté et arrête :

1°. Qu'elle a cassé et casse les membres de la municipalité de la ville Basse-Terre et de son conseil général ;

2°. Qu'elle déclare lesdits membres incapables de pouvoir être élus à aucune place de fonctionnaires publics pendant l'espace de cinq années consécutives ;

3°. Qu'il y a lieu à inculpation et accusation contre lesdits membres, et qu'en conséquence elle les renvoie pour calomnies et tous autres délits civils, au pouvoir judiciaire, afin que leur procès soit fait et parfait comme calomniateurs, perturbateurs et criminels de lèse-nation.

4°. Que les autres titres et papiers qui ont été portés à l'assemblée générale coloniale, tant en extraits collationnés qu'en originaux, seront cotés et paraphés par le président et secrétaires de l'assemblée, et remis ensuite au ministère public, avec injonction de faire le dû de sa charge ;

5°. Que le présent arrêté sera porté par M. le président à la sanction de M. le gouverneur, et qu'il en sera imprimé *mille exemplaires* ainsi que du rapport fait par MM. les commissaires de l'assemblée, pour être distribués dans toutes les colonies, et dont quelques-uns seront envoyés par *triplicata* à MM. les députés de la Guadeloupe à l'assemblée nationale, pour les faire réimprimer au nombre qu'ils jugeront convenable, aux corps administratifs et municipalités, aux chambres de commerce et à qui de droit.

Signé sur le registre, Romain-Lacaze, président ; Maurel, Hurault de Gondrecourt et Delaroncière, secrétaires.

Collationné par nous secrétaires de l'assemblée générale coloniale, *signé* Maurel et Blondet, secrétaires.

Nous, gouverneur des isles Guadeloupe et dépendances, en vertu des pouvoirs qui nous sont départis par sa majesté, l'avons sanctionné et sanctionnons provisoirement ; ordonnons qu'il sera imprimé ; mandons aux municipalités et tribunaux de le faire transcrire sur leurs registres, publier et afficher dans leur ressort respectif, et tenir la main à son exécution.

Fait à la Pointe-à-Pitre, ce 13 Septembre 1791.

Signé CLUGNY.

Collationné par nous, secrétaires de l'assemblée générale coloniale de la Guadeloupe.

SAINT-JEAN MAUREL.

M.

Copie de l'adresse de l'assemblée-générale-coloniale au régiment de la Guadeloupe, datée du 23 octobre 1791.

BRAVE RÉGIMENT !

Vous qui marchez toujours d'un pas ferme dans le chemin de l'honneur après avoir épuré votre corps, qui êtes l'ef-

froi des perturbateurs, la consolation des citoyens vertueux,
la sauve-garde de la colonie, l'admiration des vrais François et l'exemple des troupes de ligne, recevez les témoi-
gnages de l'estime et de l'attachement de la Guadeloupe,
par l'organe de son assemblée générale.

En vain des intrigans jaloux de votre gloire ont cherché
à en ternir l'éclat, leurs efforts impuissans n'ont servi qu'à
le réhausser encore et vous acquérir, s'il est possible, de
nouveaux droits à notre reconnoissance.

L'honneur, soldats François, l'honneur, sans doute, suffit
pour vous engager à toujours bien mériter de la colonie,
et à donner à vos vertueux officiers et sous - officiers des
preuves soutenues d'un attachement inaltérable à vos devoirs ; mais plus vos calomniateurs épuisent de traits contre
vous, plus vous devez déployer de zèle et d'activité. Quelle
récompense plus flateuse et plus propre à vous faire oublier
vos peines et vos fatigues, que l'assurance de déjouer par
votre sagesse les projets de vos ennemis, et de voir une
colonie entière vous recommander à la nation entière et au
roi ; oui, n'en doutez pas, déjà l'assemblée générale en
a écrit en France, et elle vous envoye copie de la lettre
dont son député extraordinaire sera porteur.

J'ai l'honneur d'être, avec un bien sincère attachement,

Signé, BONDOIRE, *président.*

*Copie de la lettre écrite par l'assemblée-générale-
coloniale à M. de Fitz Maurice, colonel au
régiment de la Guadeloupe, datée du 24 octobre
1791.*

L'assemblé-générale-coloniale, Monsieur le colonel, vous
envoie l'adresse qu'elle a arrêté de faire au brave et loyal
régiment que vous commandez. Elle vous prie de la lui

communiquer comme l'expression des sentimens particuliers de la colonie.

L'assemblée saisit avec empressement cette occasion de rendre hommage à votre conduite, à celle des vertueux officiers de votre corps, et elle vous invite à partager avec eux la haute estime et la vive reconnoissance avec laquelle j'ai l'honneur d'être, etc.

Signé, BRINDEAU, *président.*

Collationné par nous, secrétaires de l'assemblée-générale-coloniale de la Guadeloupe.

SAINT-JEAN, MAUREL